U0047750

THE SHAPE OF IDEAS

走在創意的路上

關於靈感的圖像探索

AN ILLUSTRATED
EXPLORATION
OF CREATIVITY

格蘭特·史奈德 (Grant Snider) 著
李建興 譯

國家圖書館出版品預行編目（CIP）資料

走在創意的路上：關於靈感的圖像探索 / 格蘭特．史奈德（Grant Snider）；
李建興譯 . – 初版 . – 臺北市：遠流，2017.07
　面；　公分
譯自：The shape of ideas : an illustrated exploration of creativity
ISBN 978-957-32-8016-3(平裝)

1. 創意 2. 創造性思考 3. 漫畫

176.4　　　　　　　　　　　　　　　　　　　　　106009062

走在創意的路上
關於靈感的圖像探索

作者：格蘭特‧史奈德（Grant Snider）
譯者：李建興
總監暨總編輯：林馨琴
執行編輯：楊伊琳
美術編輯：陳姿秀
行銷企畫：張愛華

發行人　　　　王榮文
出版發行　　　遠流出版事業股份有限公司
地　址　　　　台北市 10084 南昌路 2 段 81 號 6 樓
電　話　　　　（02）2392-6899
傳　真　　　　（02）2392-6658
郵政劃撥　　　0189456-1

著作權顧問　　蕭雄淋律師

2017 年 7 月 1 日　初版一刷
售價新臺幣 300 元
ISBN 978-957-32-8016-3
缺頁或破損的書，請寄回更換
有著作權 ‧ 侵害必究　Printed in Taiwan

YLib 遠流博識網 http://www.ylib.com　E-mail: ylib@ylib.com

此書謹獻給安娜、川特和洛根。
願你們的想法塑造未來，
也希望你們的蠟筆永不耗竭。

非常感謝我的第一位讀者：
凱拉，在生活的每個層面支持、
鼓勵與容忍我——包括創意過程。
還有蓋文，
充當我的第二大腦讓每幅漫畫變得更好。

目錄

天才是…

1％的靈感

29％的努力

5％的即興

8％的渴望

7％的構思

15％的探索

13％的日常挫折

11％的模仿

10.9％的焦急

0.1％的純粹振奮

親愛的讀者：

　　如果你拿起了這本書，很可能你正在追尋點子。或許你在春天午後的公園樹蔭下尋找它；或許你在洗澡時等待它，直到你的腳趾和指尖皺得像葡萄乾；或許在半夜被它吵醒，迫使你在廚房餐桌上寫作直到天亮，害你隔天精疲力盡無法做任何事。

　　或許你的親人指責你在自己的腦袋裡花太多時間；或許你的朋友嘲笑你上酒吧、餐廳和小孩生日派對竟然還帶筆記本；或許你在課堂或重要會議中因為漫無目的在紙上亂寫亂畫而被人瞪過。

　　你曾因為尋找創意概念，犧牲了人際關係或事業成功而感到愧疚嗎？你可曾夢想有朝一日發現沒有盡頭的創意之井，讓你不必再焦急地尋找新點子嗎？你偶爾會幻想完全放棄尋找創意，過著幸福的非創意生活嗎？你害怕自己有一天再也想不出新玩意兒嗎？

　　本書不是要幫你解決這些問題——因為沒有盡頭的創意之井根本不存在。

　　但是不是要絕望。本書中的每篇漫畫都曾經是白紙（或許有一兩篇最好還留白），打從2009年開始在《偶然發生的漫畫（Incidental Comics）》畫圖，我的目標一直是每週至少創作一整頁的漫畫故事。我經常隨身帶著素描簿以捕捉飄過的偶發想法。大多數早上我工作前猛喝咖啡，坐在我的畫桌前，設法把這些無形的概念形塑成值得給世人觀看的實體。

　　希望這本書能提供一些我在創意過程中的某種頓悟，也希望你能感受到創意的喜悅和陷阱。最重要的是，我希望這本書在你的創意搜尋中能夠帶來鼓勵。

格蘭特・史奈德

堪薩斯州，威奇塔
2016年八月

靈感

想法的形狀

有些在夜晚明亮耀眼的概念

到了早上往往顯得不一樣。

不要摧毀舊想法

以它為基礎建造新的。

深奧、黑暗又未知的概念

絕對值得探索。

從靜止的片刻

可以浮現最出乎意料的概念。

很難想出具體的概念嗎?

試試抽象的

尋找終極的創意時

不要忽略簡單的小概念。

完美的創意

我知道就在這裡面的某處。

太難捕捉

太崇高

太迂迴

太聰明

太可愛

太瑣碎

太有野心

太像別人

呃，繼續尋找終極概念！

我知道就在這裡面的某處…

12

我的想法

想法的列車百態

慾望的街車

幻覺的手搖車

名為拖延的車站

動機的單軌電車

浮誇點子的纜車

我認為我可以
我認為我可以

後悔的雲霄飛車

潛意識的地鐵列車

意識流推動的火車頭

有意外收穫的廢棄軌道

當機會來敲門

機會很少禮貌地來敲門

反而常把你撞倒

完全不走大門

或者在不巧的時機出現

叮咚
叮咚
叮咚
叮咚 叮咚

吵到鄰居

只留下一張難解的
字條

抱歉，我沒找到
你！會在下午一
點到晚上十一點
之間回來

但如果機會找到
一個破洞

就會自己
闖進來

選上能抓住它的任何人

我和繆斯女神們

歷史女神克麗歐從未聽說過
我的名字。

讚美詩女神波莉欣妮雅放火
燒我的房間。

魔鬼音樂！

情詩女神艾拉托在床上賴到中午。

喜悅與音樂女神尤特比大聲演奏
討厭的旋律。

喜劇女神塔莉亞愛開我的玩笑。

史詩女神卡莉歐比付不出房租。

現在沒空，我在讀荷馬…

太空女神烏拉妮雅像星辰一樣疏離。

悲劇女神梅波米妮用她的車撞我。

舞蹈女神特普希可兒讓我肌肉痠痛。

繆斯女神們害慘我了，但我渴望她們回來。

19

創意管家

庭院的草太長了。

水龍頭滴滴答答漏水。

吸塵器上積了灰塵。

盆栽植物半死不活。

貓咪得自己找食物。

垃圾桶再也塞不下咖啡渣。

鄰居開始說閒話。

即使有來電，也沒人會接。

什麼東西都有螞蟻。

但是管家工作可以等。

因為藝術家正在追逐他們的創意。

努力

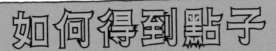

如何得到點子

如果你鑽到正確的地方，它會浮上地表。

它可能是兩個不相干事物結合的產物。

你睡覺時也能得到，但是如何解讀只能祝你好運了。

設個陷阱，耐心等待，一定會有東西跑過來。

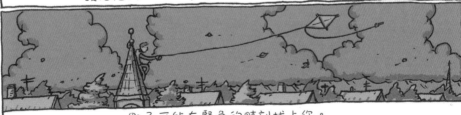

點子可能在緊急的時刻找上你。

大多數時候，你停止尋找後它才會找到你。

如何爬山

如果你太努力

你會迅速
失去動力。

如果你把它變成遊戲

貘雖然優雅，
但是不會跳躍。

結果可能
令人洩氣。

如果你停下來，
想正面的事

我真心
後悔。

不會有
太大變化。

如果你研發出一個
宏大非凡
的計畫

要確認天氣
能夠配合。

如果你被困在山上過夜

盡量好好
休息。

早晨來臨時，設定
可達成的小目標。

保持前進…

直到抵達山頂！

下坡路
總是比較快。

誰曉得下一座山
會出現什麼呢？

好主意，餿主意

兩者看起來很像。

但是表現相當不同。

看，有新的！

嘗試分類的話就會扼殺它。

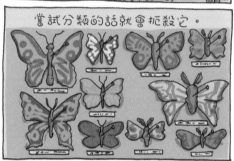

它是哪一種？唯一查明的辦法就是追逐它！

它會帶你去陌生的地方…

需要越來越複雜的計畫…

最後還可能完全脫離你的掌握。

值得去追嗎？只有你能決定。

腦力激盪

創意乾旱

人造迷霧

零散的想法

不穩定的氣氛

高壓鋒面

靈感的毛毛雨

創意的豪雨

無法解釋的現象

避免拖延

我把自己固定在崗位上

努力忽視航海女妖的歌聲。

我提醒自己人生很短暫。

我得完成一些東西不能浪費時間。

我幻想不存在的對手。

然後用我的作品打敗他們。

我找個更加可怕的任務

然後變成拖延這件事。

虛無

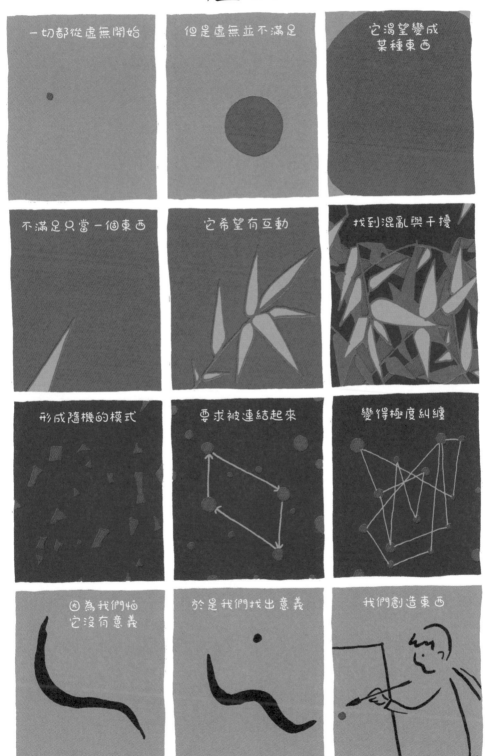

針與稻草堆

我似乎找不到正確的稻草堆

最好的那些都被發現了

我在煙囪裡找針

我有進展嗎？

有時候我覺得我就是稻草堆

我在晚上找到了針

到白天發現原來是根稻草

周圍似乎看不到稻草堆

然後我掉進藏滿針的草堆裡。

多工模式

你曾經試過一次只做一件事嗎？

什麼都無法完成——會讓人發瘋。

我偏好同時專注在每一項任務

然後差強人意地把每一項完成。

我的流程

我專心一致

直到周圍全部變得隱形

除了我的想法。

然後一個接一個

用隱形墨水

把它們全寫下來。

腦內生活

撞牆

一再撞牆

聲音會變成音樂。

再爬過一道高牆

改變你的參考框架。

似乎永無盡頭的牆

通常只是幻覺。

其他人也許能
幫助你翻牆

或者害你永遠
爬不上去。

有些牆不是靠蠻力征服

而是靠即興發揮。

你一旦
發現牆
是個比喻

它就會變成
一道門。

即興

把每天當作爵士樂演奏

要冷靜，但是不要太平淡。

培養結構和重複的品味。

不要怕即興發揮。

傾聽，讓別人激發你內在的點子。

回到令人滿意的主旋律。

用一鳴驚人的自由方式結束！

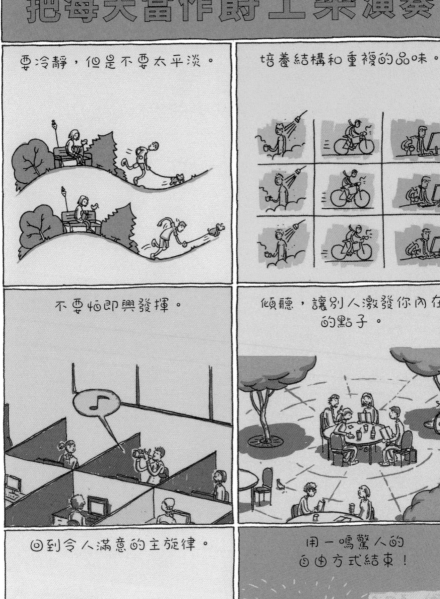

畫月亮

首先，找一隻大象。

拿一盤草莓汽水給他。

確保他喝掉了每一滴。

退後一點。

讓碳酸發揮效果。

他會變得
蒼白。

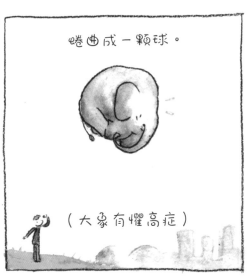

蜷曲成一顆球。

（大象有懼高症）

變成神祕的
白晝月亮。

魔法耗盡之前
要趕快畫完。

空白頁的種類

41

人生的循環

質樸的童年

尷尬的青春期

實驗性階段

求偶

當父母

中年危機

退休

愛作怪的老年

人生的圖像

人生是直線的。

人生是圓形的。

人生是失控的螺旋。

人生美麗又珍貴！

人生困難，野蠻又短暫。

人生只是個幻覺，老兄。

人生充滿意外。

人生有什麼意義？

那要由你決定！

人生有價值。

人生稍縱即逝。

死後會是怎樣？

人生有高雅的模式和規則。

當你以為已經掌握了人生…

人生重新開始。

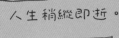

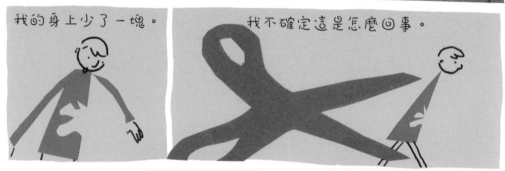

缺少的碎片

我的身上少了一塊。

我不確定這是怎麼回事。

我不在意

大多數時候啦。

在某些時候這可能是優勢

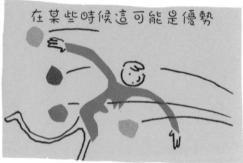

我尋找過許多東西填補這個空間。

它們只是暫時有幫助。

我發現到別人也少了一塊。

全人類都在隱瞞什麼嗎？

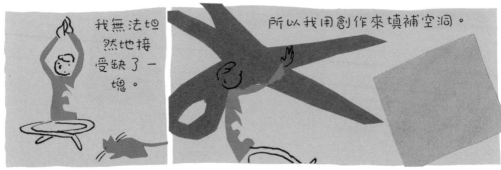

我無法坦然地接受缺了一塊。

所以我用創作來填補空洞。

隨著我做的每樣新東西

我想我更接近完整了。

全世界就是個舞台

小時候，我懷疑別人全都是惡搞我人生戲劇中的演員。

青春期，我感覺無形的觀眾眼光在評論我的一舉一動。

成年後，我加入一場瘋狂的即興表演，
每個人都是自己創作的戲劇中的主角。

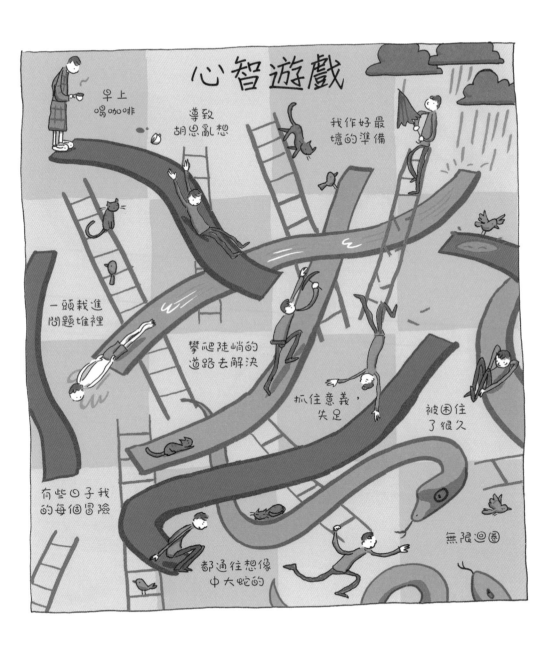

線條的特質

我想要有完美
字體的線條

簡單的線條

看似隨興

具備自然界優雅
與姿態的線條。

又有心靈上的
專注

能夠開花與延伸
枝葉的線條。

有生命的線條

可是我做出來
的線條

卻總像是我做的。

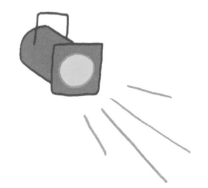

渴望

信心之躍

野心的本質

如果你幸運，你會找到你喜歡做的事。

其他人會注意到。

你會努力改進你的技能。

你的作品會逐漸定義你這個人。

遲早，你會得到眾人的肯定。

但你可能會遭遇反對者。

內心的不安。

激烈的競爭。

還有自我懷疑。

通往巔峰的奮鬥中，你的作品會越來越大！越快！
越奇特！

直到你終於無法控制。

而你失去一切。

只剩你當初最愛做的
事情。

成功之路

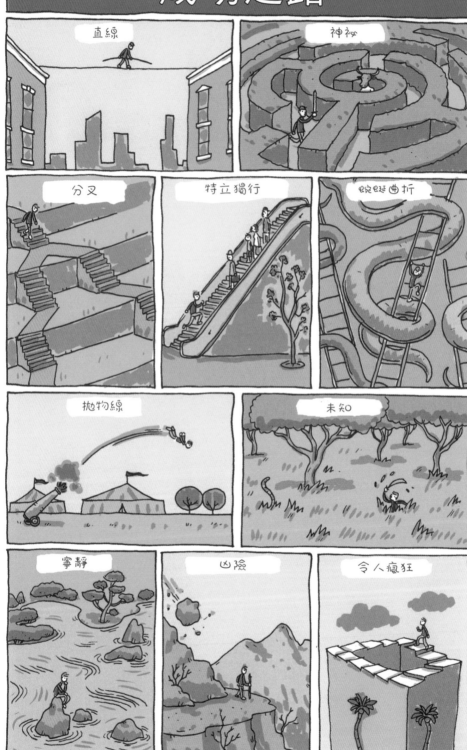

極簡主義很簡單

去除不必要的。

創造結構。

不再尋找隱晦的意義。

擁抱具體的東西。

全心投入各種圖案。

別怕留白空間。

保持俐落。

大膽又多采多姿。

別太表現自我！

少就是多。

但是簡化比看起來困難得多。

今年的志願

我會有遠大夢想。

我會聽從內心的聲音。

重新計算中

床邊恐怖故事

我會找到真實的自我。

歡迎
雙胞胎

我會超越所有障礙。

我會立大志。

我會活得毫無遺憾。

我不會讓任何事物阻止我。

免責條款

你想要當什麼人都可以！

只要具有先天能力

在正確的經濟體制中

多年努力鑽研之後

碰到理想的機會

忽視其他的責任

你想要當什麼人都可以⋯

但是你能當你想當的所有人嗎？

給畢業生的忠告

為了受教育，
你必須跳過許多圈圈。

有些競爭特別激烈。

也有些需要完美的時機。

許多在最初看來遙不可及。

有些時候會很無聊。

你會被燒傷。

甚至出糗。

但你的想像力經常會被激發。

如果你幸運而且擅長合作，
會來到最後的圈圈…

到達一個很少看見圈圈的
地方。

你該停止跳躍嗎？

不！這時你必須創造
自己的圈圈。

決心

我越想下定更多決心

它就變得越模糊

新鮮的可能性

會被汙染和干擾。

我預見的空曠道路

原來擠了很多人。

雖然到了嶄新的一年

我還是原來的我。

61

找到你的聲音

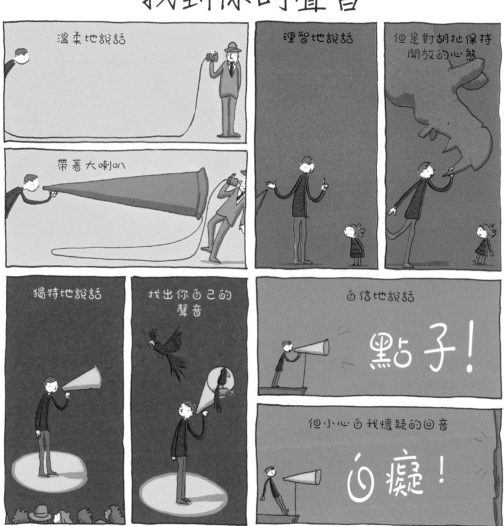

簡單地說話

言語很容易被扭曲

溫和地說話

別對自己的聲音
太陶醉了

熱情地說話

讓你的話發光

說出你心裡的話

然後傾聽。

失望的理論

只在小池塘釣魚

抓緊最低的樹枝

留意微小的降雨機率

跟無趣的人交朋友

雙腳黏在地上

不敢摘花

你一醒來

就忘記所有夢境

這些都可能令人
失望。

伸手抓最高的樹枝

不理天氣預報

發現新的挑戰

邀請不太可能邀請
的人

蹩腳也要跳舞

寫下你的夢境

告訴別人

停下來摘花

記住：有些事比失望
更糟糕。

白日夢

在大城市裡

在舊社區裡

在小房子裡

在寒冷房間裡

有人作的白日夢

幻想自己
是別人

在另一個房間

在不同的房子

在陌生的社區

在一個會發生神奇故事的城市裡。

輕飄飄

我最想要變成
一個氣球。

在草地上伸展

讓早晨的空氣充滿
我的肺

隨著每次呼吸

變得更勇敢

然後
站起來

起飛

踏上非凡的
道路

前往野外的
新地平線。

構思

色彩

今天我什麼也不做

除了鼓勵青草長得
更綠

等待花兒盛開

分析知更鳥的想法

研究松鼠的物理學

閱讀天上樹枝的筆跡

讓風吹過我還沒看
的頁面

我將精通於追求放空。

今天是獻給無聊的
放假日。

祕密

認知的難題

我努力看清事物的本質

但我總會過度簡化

我被情緒蒙蔽

回憶

回憶

夏天不複雜

何必執著在可能的未來？

唯一重要的回憶

只有現在重要。

是水面上的天空

如果我潛太深

我會找到水面

在夏日午後無拘無束地漂浮

76

構思的好地方

舒適的地方

適合好奇心與探索

干擾很少

點子可以在此
有機生長

充滿隱晦的靈感

不會精疲力盡

解決問題的
地方

可以放鬆

充電

讓潛意識主導

把你趕出舒適的地方

到一個有點子的
新場所

我最愛的事物

早晨的雨

約翰·柯傳的音樂

空白筆記簿

坐下看風景的空間

免費續杯

第三杯

變色中的樹

放養的貓

戴帽子的老人

鵝群入侵

被塗改的告示
歡迎逗留！

爬滿藤蔓的房子

鴨子飛的樣子

低垂的雲層

心情好的松鼠

打太極拳的人

面對面的椅子

戴安全帽的亂髮

鴨子覓食的樣子

老房子翻新

遛狗時間

意外出現的花朵

透過枝葉看日落

整本書的素描

蝸牛的步調

我要脫離無意義的競爭

我要加入⋯

蝸牛賽跑！

我會跟雲朵交談

趕上毛毛蟲

收集最好吃的菜葉

和星星一起睡

修理擋我路的人

看著我的生活

逐漸納入控制。

不完成任何事

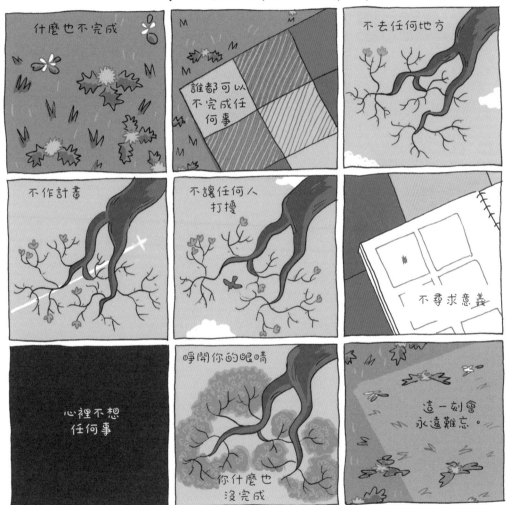

秋天的理論

漆葉子工人在半夜工作。　　　　　　到了早上看起來全變了。

秋天像默片一樣展開…是世界末日驚悚片。

許多市區路樹穿上秋裝；有些拒絕改變風格。

誰能否認這個季節的美？　　　　　　只有色盲的詩人。

世界變成了一片褐金色。寒冷的北風會凍結我的靈魂。

蓋過噪音

或許有讓你自己
被聽見的方法

不是藉著大喊
蓋過噪音

而是讓你的話
盡量遠離噪音。

如何培養想像力

找個它能生長的
地方。

挖個夠大的坑。

給它澆水。

花時間胡思亂想。

確保它照得到月光。

每天陪它說話。

歡迎新點子。

跟別人分享。

造一座森林！

到新地方旅行。

隨身帶著一部分
想像力。

找個它能生長的
新場所。

聰明的
主意

早安

雨水打在

屋頂和窗板
上的聲音

是整個宇宙
在誇獎？

你決定留
在床上。

探索

發問

小問題 導致小發現。

較大的問題 導致較大的發現。

有些問題 只揭開更深的謎團。

即使你知道該問什麼 答案可能令你驚訝。

問巨大的問題 可能造成巨大的難題。

問太多問題 可能讓你顯得好笑。

當你遭遇罕見的問題 一時沒什麼辦法

但是堅持下去 看它會帶你到哪裡去。

箱子之外

每個人都忙著嘗試脫離框架思考。

但把你自己裝進箱子裡比較厲害。

從新的角度看箱子。

解構箱子再發現新用途。

不知道結果就打開箱子。

解決箱子的謎題。

盡力把箱子推遠一些。

到比它更遠的地方，找出新的思考模式。

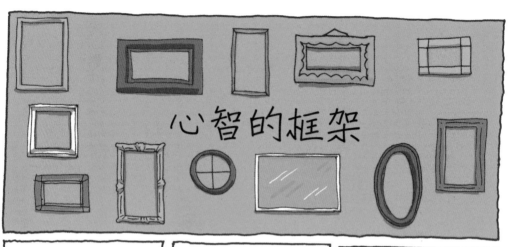

心智的框架

穩定的

鍍金的

窺探的

創造的

愛現的

殘破的

唯我論的

追根究底的

晝伏夜出的

自我中心的

微不足道的

超現實的

狹隘的

美化的

無框架

專家級的素描簿

海洋生物學家

通勤者

幼兒

抽象表現主義者

外科插畫家

擬人化的建築師

大象

科技恐懼症的動畫師

自我審查的肖像畫家

氣餒的摺紙玩家

文盲印刷工人

完美主義者

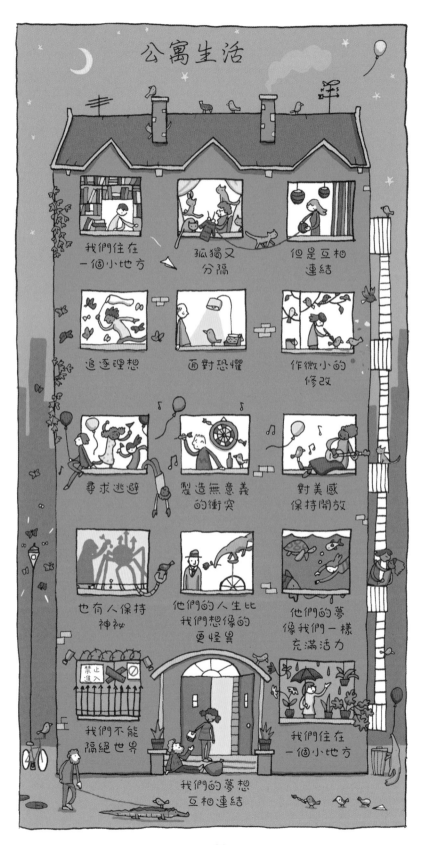

公寓生活

我們住在
一個小地方

孤獨又
分隔

但是互相
連結

追逐理想

面對恐懼

作微小的
修改

尋求逃避

製造無意義
的衝突

對美感
保持開放

也有人保持
神祕

他們的人生比
我們想像的
更怪異

他們的夢
像我們一樣
充滿活力

我們不能
隔絕世界

我們住在
一個小地方

我們的夢想
互相連結

新蠟筆

一盒全新的蠟筆！ 比舊的那盒好多了。

完美排列的九十六種顏色。

每枝都完美削尖

取了詩意的名稱

有無限多種可能的組合

而且還有新蠟筆的氣味

嗯味！

這次你得畫個好作品。

用這麼多新蠟筆一定很容易！

我可以借用舊蠟筆嗎？

自由工作者的法則

讓靈感圍繞自己

維持嚴格的服裝規定

劃清工作和住家的界線

投入和產出要平衡

偶爾睡個覺

反映你周圍的世界

別恥推銷你的作品。

自畫像

自我反省很重要。

但是太過頭可能會自毀。

你可能選擇隱藏真實的
自我

只用自我意識表露

最好創造正面的自我形象

坦然接受自我表達!

這需要自信

和自制

追求自我實現

並且避免自我偏執

你可能創造出比自己更偉大的東西。

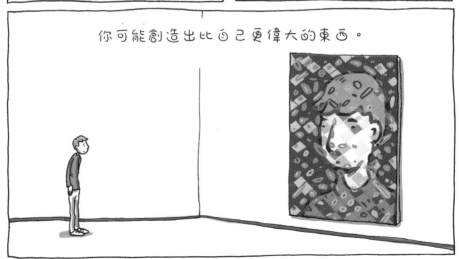

101

日常挫折

負 面 想 法

那是美麗風景嗎?

或是會咬死你的利牙?

明亮的聚光燈?

或是寂寞的夜路?

漂亮的花瓶?

或是失望的人臉?

布滿風箏和蝴蝶的天空?

或是飛刀和邪惡眼神?

無意義的挫折循環?

或是過度反應的想像?

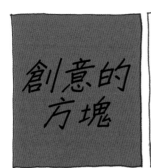

創意的方塊

起跳台

心理障礙

積木

冰塊

防曬乳

路障

神祕方塊

作家的遊戲

絆腳石

砍柴

想通了！

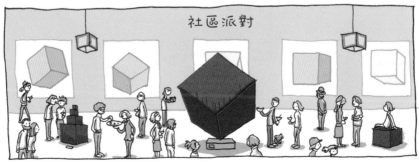

社區派對

拒絕

當一道門關閉

另一道門開啟

把你丟進一個黑暗地方

每一道門都遙不可及

難以通過

沒有出路

把你困在凶險的循環裡

讓你感覺精神錯亂

你完全不再想著門

直到你瞥見一個開口

門快關上了

你來得及嗎?

碰!

遺失的想法

它們離開我之後去了哪裡？

它們分裂成瑣碎的小想法嗎？

> 買人壽保險！

> 沒穿外套不要出門！

搭第一班火車出城嗎？

飛上天加入天空的大型想法嗎？

停留在不知情的路人頭上嗎？

> 今天霧霾好嚴重

> 是啊

發生認同危機…

> 或許我只是水蒸氣？

啊哈！

又重新發現它們的真正本質？

或者跟著我們回家…

在某個邪惡的時候溜進來…

不肯離開直到我們注意它？

我的窗外

閃現的洞察

崇高的發明

深藏在我想像力裡面的東西

我一想要把它們記在紙上

就散落飛濺成蒸氣

動機的類型

內在的

外在的

友情的

夜貓子的

地獄的

永恆的

創意處理機

我爬上它的梯子

從邊緣窺探。

這是許願池

這是鏡子

這是吞噬時間和精力的漩渦

我丟些東西進去：

日常瑣事

童年記憶

希望與恐懼

我看過的書

詭異的夢境

（小心！丟太多可能會系統堵塞）

然後我投入一些勞力…

我看到了結果！

結果並不如我的預期。

這麼辛苦只搞出這個？

或許問題出在…

我投入不夠多。

咒語

在全世界熟睡時清醒

慢慢走到月光下的書桌

煮一鍋咖啡

喝到有想法為止

整齊地寫在紙上

用鰻魚墨汁和鵝毛筆

伴隨飛舞的蛾和螞蟻隊伍

貓頭鷹尖叫，浣熊跳舞

寫啊寫，不怕辛苦與麻煩！

滴著咖啡，冒出更多想法的泡沫

魔咒將被早晨的太陽打破——

好神奇，真的完成了一些工作。

模仿

如何觀賞藝術

脫離你自己的想法。

辨認風格和形式的對比。

別勉強用象徵解釋。

理解並欣賞抽象事物。

挑戰傳統價值觀。

捍衛別人的作品。

記住深刻的情感。

保留神祕的空間。

獲取製造新東西的靈感。

用沒人會看的方式設計	襯線體 Aa Bb Cc Dd	無襯線體 Aa Bb Cc Dd	超級襯線體 Aa Bb Cc Dd
用線條激發情緒與意義	寧靜 秩序	不協調 性感	方向感 過度亢奮
了解顏色之間的關係	互補色 妹子，你好漂亮。／謝謝！我喜歡你的鞋子。	耳語色 猜猜我聽到紫丁香什麼八卦…／喔，快說！	敵對色 你是史上最爛的顏色。／我要吃掉你的小孩！
從三種基本形狀開始建立	幾何式	有機式	惡魔式
注意你構圖中的留白	負面空間 我好厭煩搖搖擺擺碎步。	正面空間 我相信我能飛…	外太空 星際企鵝！

非主修藝術者的畫法

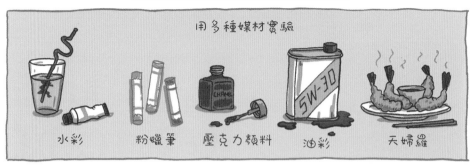

用多種媒材實驗

水彩　　粉蠟筆　　壓克力顏料　　油彩　　天婦羅

挑選完美的畫筆

我不在乎，什麼都畫。

你畫的一切都好棒喔！

或許你該改用指尖畫

來吧，再沾一點！

不妙！

平塗　　扇形　　尖筆　　松節油上癮　　貂尾巴

選擇有個性的調色盤

中性灰　　欲擒故縱的粉紅　　燒焦的橘色　　無法言喻的藍　　油炸的黃褐色　　搞錯的綠色

畫個對你有啟發的主題！

田園風景

靜物

幾何圖形

小狗打牌

裸體像

你的情緒

生存的藝術

小時候，我是理想主義者。

我所看之處充滿了美好、神奇和意義。

長大之後，我變成現實主義者。

我看到充滿粗糙和醜陋真相的世界。

這樣實在很累人。我決定當個超現實主義者。

之後萬物就變得相當詭異。

119

美國藝術

我想要體驗現代美國。

在早晨陽光下醒來。

吃一塊新鮮的派。

在鄉間漫步。

看漫畫書。

聽爵士樂。

參與過度消費。

展開沒必要的爭鬥。

沉溺在噪音和混亂中。

同時在上述一切裡找到美麗。

設計師名牌椅

好奇的椅子

白日夢椅子

浴缸椅

負面空間椅

純潔的躺椅

我是躺椅啊

不純潔的躺椅

餘弦數學椅

平面列印椅

曖昧的沙發

鄂圖曼帝國風

雙人椅

有限的椅子和無盡的桌子

七巧板客廳套件

小熊軟糖椅

關於建築的舞蹈

粗獷主義芭蕾

草原風格二步舞

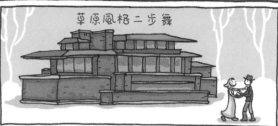

表現主義雷鬼舞

裝飾藝術曼波舞

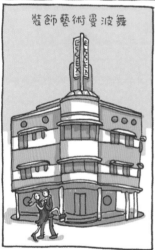

包浩斯屈膝舞

後現代主義彈跳舞

立體主義鬼步舞

世紀中期現代亂舞

未來主義機械舞

我有些好友是唱片

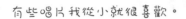

有些唱片我從小就很喜歡。

也有些我從高中以後就沒聽了。

好久不見!

老是想要狂歡的唱片。

太聰明讓我聽不懂的唱片。

我嘗試模仿過的酷唱片。

其他朋友受不了的唱片。

幫助我放鬆的唱片。

我設法鼓起勇氣
去認識的唱片。

色彩研究

色彩之輪

輻射性
色彩之輪

滾下坡的
色彩之輪

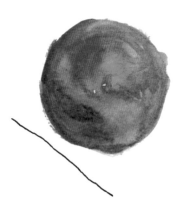

冷靜的顏色

不冷靜的顏色

三原色海灘球

洩氣的海灘球

幸好有人買了
備用海灘球

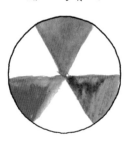

藍 + 紅 =

冰淇淋杯
（小心，會滴汁！）

紅 + 黃 =

芒果
（捏捏看熟了沒）

藍 + 黃 =

…綠色？

幹得好。

我們再試一次。

這是沒用。

顯然我們被騙了。

我是不可混合的！

印刷術的大象

印刷方法隨著時代進化。

手寫

雕刻

活字

電腦打字

但是基本字母結構仍然沒變。

e h S

眼睛　肩膀　脊椎

莖　脖子　耳朵　尾巴

A g Q

字型可以用歷史特徵分類。

abc
文藝復興

abc
浪漫派

abc
新古典

abc
現代主義

abc
現實主義

abc
後現代主義

在全盛期,印刷術有個目標。

吸引對文字的注意。

謙卑地支援內容。

並揭露其中發現的樂趣。

顏色的陰謀論

它們是由神祕符號掌管的一個古老集團。

它們的影響力已經滲透到大眾文化中。

它們很會騙人⋯

組成多變又奸詐的聯盟。

一下子顯得溫暖，一下子又變寒冷。

隱瞞它們的真實身分：黑暗的使者。

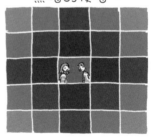

不要被顏色的詭計騙了。你永遠無法逃離它們的力量！

焦急

過去
創意的
鬼魂

現在
創意的
鬼魂

未來
創意的
鬼魂

多雲時晴

在無拘無束的下午，我爬上最喜愛的山丘。

坐下來看天空飄過的雲朵。

如果我看得夠久，它們會變成新形狀。

雜亂的公寓　　　尖峰時刻的交通　　　尷尬的對話

沒有回覆的電子郵件　　　一大堆學貸　　　錯過的機會

沒說出口的事　　　廣大又嚇人的未知

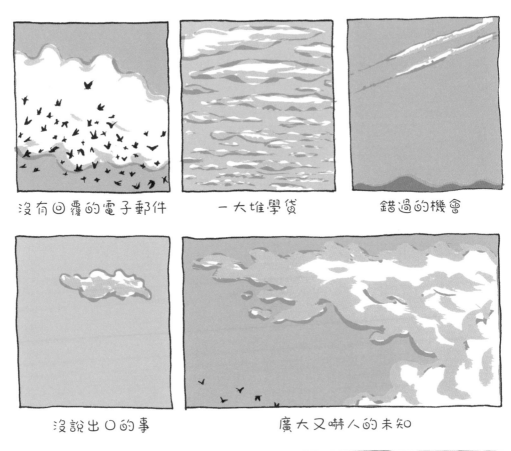

出來外面放鬆一下的感覺真好。

追逐幸福

我瞥見幸福的鮮豔鳥兒

但是牠跑掉了。

我在各種不可能的地方找牠

只找到平凡的鴿子

孤獨的海鷗

憂鬱的哀傷鴿子
咕咕咕咕

我追逐牠穿過夢境的矮樹叢

然後牠出現了，狂野又出乎意料。

如今我找到了幸福

我該怎麼防止牠飛走呢？

我最大的恐懼

鳥屎

我的學貸

偷走靈魂的月亮

失眠

大型狗

血腥邪教

犬儒論

懼高症

超智慧新人類
小孩

搭錯公車

無意中抄襲

無形的漂浮骷髏

漢他病毒

失敗

野生狼人小孩

創意的想法

靈感

我該做點東西！

值得做的東西都已經做出來了。

野心

就是這個！
我的重大突破！

我真的有資格做這個嗎？

專注

這裡的干擾太多了。

好多了。

@#%！

純粹的振奮

水彩畫

索引

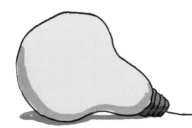

更正

我想要塗白
我寫過的
所有爛東西

抹除我畫過
不受喜愛的
線條

撕碎我過去的
失足

擺脫
錯誤

改寫那些
看起來完全
不對的話

蓋住尷尬

自信

減少遲疑

Ctrl+x

標記我的
各種想法，
直到它們
開始合理。

折起我的失敗

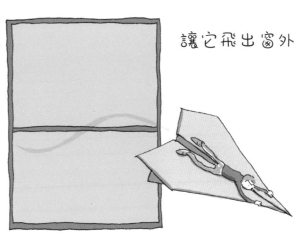

讓它飛出窗外

拿出一張
白紙重新
開始。